AF362786

Prix : 15 centimes

LES DEUX JOURNÉES

4 SEPTEMBRE. — 8 OCTOBRE 1870

PAR

ANDRÉ RATOUIS

CAPITAINE DE LA GARDE NATIONALE DE PARIS

(155e bataillon, 8e compagnie)

Ayant assisté et pris part aux travaux des comités politiques, établis en 1848-49-50 et 1851, j'ai discuté et et voté contre toutes les manifestations ; tout en y prenant part. J'ai protesté jusqu'au dernier moment contre la prise d'armes des douloureuses journées de Juin.

Mes amis tombaient autour de moi : frappés des balles républicaines de la jeune garde mobile, que je protestais encore.....

Le sentiment du devoir m'obigeait à combattre dans les rangs de l'insurrection : ceux qui m'avaient élu m'entouraient.....

Souhaitons ardemment, et faisons tous nos efforts pour qu'une position semblable, à celle qui nous fût faite en 1843, ne se renouvelle pas.

Les manifestations des 17 mars, 16 avril, 15 mai, 23 juin 1848, 29 janvier et 13 juin 1849, sont des faits révolutionnaires qui appartiennent à l'histoire.

La manifestation du 17 mars, organisée par les clubs, fortifia la partie révolutionnaire du Gouvernement. Deux cent mille hommes défilèrent en bon ordre : la blouse, l'uniforme et la soutane se confondirent et se donnèrent le bras. Il y eut, ce jour-là, confusion d'opinions politiques.

La manifestation du 16 avril appuya l'esprit Conservateur-Républicain ; le jour même, une contre-manifestation révolutionnaire voulut se produire ; mais, Ledru-Rollin, pour une cause encore inconnue, donna ordre de battre le rappel ; ce qui fit que l'avantage resta à la bourgeoisie républicaine.

La manifestation du 15 mai, conduite par des meneurs et des traîtres, porta un coup funeste à la République : elle effraya les nouveaux convertis.

Sous la rubrique de *Vive la Pologne*, la manifestation avait une apparence de patriotisme, mais au fond, le but à atteindre, était le renversement du Gouvernement du suffrage universel, représenté par l'Assemblée nationale, légalement élue par la France, pour y mettre à la place une dictature révée par quelques impuissants, amoureux ridicules des vieilleries politiques.

Un grand citoyen, qui protesta jusqu'au dernier moment contre le but de cette manifestation, en fut la victime : c'était Barbès.

Dans cette même journée du 15 mai, on vit les mêmes hommes, à quatre heures de distance, crier *vive Barbès, vive Louis Blanc ;* dans les rangs de la manifestation ; crier *mort à Barbès, mort à Louis Blanc,* dans les rangs de la garde nationale.

Quelle inconscience politique !

Les journées de Juin ont eu pour cause principale la dissolution des ateliers nationaux, c'est incontestable ; mais, il faut le dire, depuis l'échec du 16 avril, les orateurs influents des clubs prêchaient une revanche qui, fatalement, devait amener la guerre civile, et sépara les fils de la république en deux camps ennemis : pendant quatre jours, la mort faucha dans Paris sans choisir ses victimes.

Le côté faible des républicains de la veille est de croire et de vouloir que la souveraineté du peuple réside dans les réunions, comités et clubs.

N'en déplaise à mes meilleurs amis politiques ; mais je dois leur déclarer que la souveraineté du peuple est dans le bulletin de vote appuyé d'une cartouche dans le fusil.

« La Force doit soutenir le Droit. »

La garde nationale citoyenne est la seule représentation vraie de la souveraineté nationale.

En raisonnant, il faut bien le reconnaître que la grande majorité des citoyens ne fréquentent pas les réunions; mais ils votent, ils font les majorités ou les minorités; mais ils votent!

Le 29 janvier 1849, la manifestation militaire de la garde mobile fit sortir toute la garnison de Paris, sous les ordres de Changarnier. Il y eut grand émoi dans Paris, mais le peuple n'y prit aucune part.

Le 13 juin, la manifestation était légale : la Constitution était violée; cependant le peuple ne répondit que faiblement à l'appel aux armes qui lui fut fait par ses représentants à la tribune nationale. Pourquoi le peuple ne répondit-il point à cet appel? Plusieurs cas semblent le justifier : 1° le choléra sévissait avec rigueur dans Paris; 2° les plus audacieux et les plus braves du parti républicain, les hommes d'action, les hommes des barricades étaient pour la plupart morts ou transportés..... Le souvenir de la bataille de juin était partout, le général Changarnier vainquit aisément.

Triste gloire!!!

Ce jour-là, la République fut mortellement atteinte.

Le prétendant, Louis-Bonaparte, profita de cette défaite, la France, pendant vingt ans a subi le despotisme napoléonien et porté le deuil de ses libertés, de ses enfants, pour les causes et les faits des manifestations intempestives.

L'on dit : « L'expérience vaut la science. » Servira-t-elle de leçon ? Espérons-le !

PREMIÈRE JOURNÉE

4 SEPTEMBRE 1870

Près de huit millions de voix données au plébiscite était une manifestation assez imposante pour que les partis politiques puissent croire que l'empire, soi-disant libéral, était solidement établi.

L'insurrection restait debout au même droit que le coup d'État, c'est vrai ; mais enfin, ce qui n'est pas moins vrai, c'est qu'une grande nation, libre et industrielle, ne peut vivre dans une alternative continuelle de coups d'État, de complots et d'insurrection. Tous, nous voulions l'ordre et la liberté ; tous, nous voulions la justice et la paix.

Mais ce qu'il faut avouer, c'est que dans le camp des républicains, beaucoup de défections s'opéraient et d'autres se préparaient ; personne ne pressentait alors aussi proche la chute de *César !*

La capitulation de Sedan fut une honte et une surprise; la conséquence d'une aussi grande trahison nous a donné la République et l'investissement de Paris.

La France debout, chassera l'étranger et défendra envers et contre tous la forme républicaine de son gouvernement. C'est là sa mission; elle n'y faillira pas.

Le 4 septembre le peuple a fait son devoir :

Le 3 septembre, les républicains, ceux qui disaient: non, nous ne défendrons pas l'empire du 2 décembre; la Prusse fait la guerre à l'homme, à son gouvernement, mais point au peuple français. Ces mêmes hommes, ces républicains convaincus, se levèrent énergiquement à la première nouvelle du désastre de Sedan. Se répandant dans Paris, sur les boulevards, rue de Rivoli, maison du Gouverneur et au Palais - Bourbon, sans s'être entendus, sans mot d'ordre, discutaient, convertissaient et préparaient les groupes à l'action du lendemain, à l'avènement de la République.

Vers dix heures du soir, les manifestation s'accentuèrent : la déchéance s'affirmait : le nom du général Trochu s'acclamait; à minuit, il y avait séance au Corps législatif; chacun s'y donnait rendez-vous ; mais les abords étaient gardés militairement.

Les députés ne purent s'entendre : les conservateurs, les officiels soutinrent la politique de Palikao, qui osait défendre encore la Dynastie. La Chambre leva la séance à deux heures du matin sans rien décider, en convoquant tous ses membres pour midi, afin de prendre des mesures d'urgence définitives. Le 4 septembre, entre six et sept heures du matin, accompagné de citoyens du 3me arrondissement, je me présentai chez les députés Glais-Bizoin et Crémieux, pour nous renseigner exactement sur la conduite que la garde nationale citoyenne devait tenir en face des événements qui ne pouvaient manquer de se produire dans le courant de la journée. Nous rappelons textuellement les paroles du citoyen Crémieux :

« J'ai écrit aux gardes nationaux de la 3me circon-
» scription : « Je les invite à se réunir en nombre et
» sans armes, et de faire une manifestation nombreuse
» et imposante. — La déchéance, je le crois, nous
» sera accordée; nous n'avons rien pu faire cette nuit;
» la majorité se méfie du peuple de Paris. A midi.
» nous nous réunissons, une décision sera prise : une
» commission gouvernementale sera nommée; on
» semble être d'accord sur les noms de Trochu, Jules
» Favre, Gambetta, Kératry, et qui sais-je?... Que la
» manifestation soit nombreuse, répéta-t-il. »

La manifestation fut nombreuse. Les bataillons sans armes et les bataillons armés affluaient de toutes parts sur la place de la Concorde. Les gardes nationaux venus sans armes allèrent les chercher sur l'invitation du général Trochu, par suite d'un incident. Nous savions que la gendarmerie à cheval, qui gardait et barrait l'entrée du pont de la Concorde, avait reçu des ordres sévères et rigoureux donnés par le ministre de la guerre Palikao.....

Cependant, il était visible qu'il y avait hésitation d'obéir aux ordres de Palikao ou de céder à la manifestation patriotique et républicaine de la garde nationale et du peuple.

Une grande partie se jouait entre deux forces politiques ; le bon esprit de l'armée céda au patriotisme. Le 30ᵉ de ligne, échelonné sur les marches et les abords du Palais-Bourbon, pressé et étourdi par les cris du peuple en armes et sans armes mirent la crosse des fusils en l'air ; aussitôt les gendarmes à cheval qui barraient l'entrée du pont de la Concorde, s'empressèrent d'imiter leurs frères d'armes ; ils se placèrent sur les deux côtés du quai, firent face à la place et fraternisèrent avec le peuple. Pendant ce temps, à l'intérieur de la Chambre des députés que se passait-il ? Les députés officiels, conservateurs quand même, imitèrent leur président Schneider, qui abandonna son fauteuil sous les imprécations et gestes du peuple souverain envahisseur.

C'était le châtiment d'une triste célébrité ; le dernier prestige du pouvoir bonapartiste disparaissait. Palikao vaincu, Trochu triomphait. Le peuple de Paris armé, maître encore une fois de ses destinées, proclama la République, institua un gouvernement provisoire et choisi pour le composer les députés de l'opposition la plus avancée.

Certes, le gouvernement ne pouvait être homogène sur toutes les mesures à prendre, aussi n'admettons-nous son homogénéité que sur deux points : la Défense nationale et la République. Ces deux points définis franchement et accomplis par tous avec enthousiasme, s'affirment dans le manifeste adressé au corps diplomatique par Jules Fabre, ministre des affaires étrangères et vice-président du Gouvernement.

Or donc, sans entrer dans d'autres détails que l'histoire aura soin d'enregistrer, il reste donc bien établi que la proclamation de la République par le peuple, est la conséquence de nos revers militaires; et que l'assentiment du général Trochu était nécessaire. C'est avec son concours que la République s'est faite sans effusion de sang.

Le 3 au soir, et dans la matinée du 4 septembre, le cri de ralliement du parti républicain était *Patriotisme ! — Déchéance ! — Vive Trochu !*

Le mot d'ordre du bonapartiste était *Vive la France !*

Ils acceptaient volontiers ces adversaires de la forme républicaine ; la déchéance consentie par Palikao sous bénéfice, après victoire, d'une restauration monarchique libérale *quelconque.*

Le Gouvernement étant établi, s'est mis à l'œuvre.

Soucieux de dire les choses telles qu'elles sont et comme nous les avons vues, nous devons reconnaître les proclamations, les actes, les décrets se succédant et publiés le 5 septembre, signés par tous les membres du Gouvernement, comme l'affirmation de leur adhésion complète et sans réserve à la forme et aux principes du Gouvernement républicain.

L'homogénéité semblait parfaitement établie, le doute ne pouvait exister; la République française était proclamée, acceptée et reconnue.

Mais, n'a-t-on pas dit quelque part : Les révolutions profitent toujours à ceux qui les font.....

L'ennemi en nombre et divisé en trois corps d'armée, avançait victorieux à marches forcées sur Paris; notre armée était en déroute et démoralisée par tant de revers; 100,000 HOMMES bloqués, 150,000 PRISONNIERS, même NOMBRE morts ou blessés, 50,000 en retraite sur Paris.

Du matériel de guerre peu ; l'administration corrompue et en désarroi; les cadres des états-majors et officiers dépourvus. -Voilà le bilan de l'empire.

Le Gouvernement du 4 septembre en acceptant une semblable succession, a bien prouvé combien il était patriote, et combien la France lui était chère ; une liquidation semblable paraissait impossible, il fallait du courage civique pour l'entreprendre, c'est là le cas où on peut admettre « la fin justifiera les moyens. »

Deux routes, deux courants étaient à suivre : le premier, agir dès le lendemain révolutionnairement, faire table rase du personnel administratif. Décréter la levée en masse et organiser militairement tout homme valide, faire de la révolution avec ordre, mais faire de la révolution jusqu'à complète victoire; sauver la France et la République, même par la violence.

Le second, faire ce qu'on a fait, mais le faire plus vite.

Nous ne sommes pas révolutionnaires, nous dit le Gouvernement, mais nous sommes sincèrement républicains; nous voulons la victoire, secondez-nous. Les destinées de la France républicaine nous sont confiées, nous en sommes responsables devant l'histoire. A la condition suprême que vous ne nous troubliez point dans nos actes et moyens au nom de la démocratie, au nom de l'humanité, nous vaincrons. Restez calmes, plus de manifestations irréfléchies, point d'impatience, plus de personnalités; sachons attendre, et attendre encore.

Pendant vingt ans, nous avons souffert ensemble toute espèce de misères, d'injures, d'humiliations et de provocations; nous devons souffrir encore, puisqu'il le faut, résignons nous!

Les *Jules Favre*, *Gambetta* *Pelletan*, *Jules Simon*, *Crémieux*, *Ernest Picard*, *Rochefort*, *Glais-Bizoin*, *Garnier-Pagès*, *E. Arago*, tous, et aussi les hommes courageux et d'initiative, les *Trochu* et *Kératry*, tous enfin, n'étaient-ils pas, il y a trois mois à peine, nos porte-drapeaux, nos porte-voix... est-ce vrai ?... Oui!

Vous craignez pour le sort de la République après la bataille, après la défaite des Prussiens, après la victoire; car la victoire, il nous la faut.....

Redoutant la personnalité, un nom vous effraye et vous dites le général *Trochu* accaparant la gloire à lui seul, sera le *Cavaignac* de 1870, et peut faire, lui, le général Trochu, de très-bonne foi, sans y prêter la main, une restauration monarchique; ce que l'autre, le général *Cavaignac* fit très-honnêtement pour une restauration impérialiste.

Eh bien! non, mille fois non; cela ne peut être : l'histoire ne se copie pas mot à mot malgré ses similitudes; et d'ailleurs, les faits historique ne servent-ils pas ici d'enseignement.

Le général *Cavaignac*, muni de pleins pouvoirs par l'Assemblée nationale, vainqueur de l'insurrection, proclamé le sauveur de l'ordre social, acclamé par les gardes nationaux de France, appelés à Paris pour combattre; réunissant en ses mains tous les pouvoirs militaires et administratifs, maître absolu de toutes les influences et de toutes les ressources, n'obtint au vote présilentiel, qu'un chiffre de voix relativement minime, voilà de l'histoire.

Le général *Trochu* a une grande tâche; il lui faut un grand cœur et un grand courage pour l'accomplir; mais une grande page lui est réservée dans l'histoire.

Voulons tous qu'il soit et qu'il reste un grand citoyen.

Républicains, aidons le Gouvernement de la Défense nationale, fortifions-le, pas de zèle intempestif, pas d'impatience irréfléchie, susceptible d'amener un conflit, peut-être une émeute; la moindre lutte fratricide serait l'assassinat de la République et l'humiliation de la France; c'est ce que veulent les hommes du passé; serviteurs de tous les pouvoirs, éternels ennemis de tout progrès; c'est là qu'ils nous guettent, c'est là qu'ils nous attendent, pour en finir!.....

Nous sommes avertis; sachons déjouer leurs funestes desseins; car à ces gens-là pour reprendre leur sérénité, leurs joyeuses bombances, leurs trafics de de bourse et leur cupidité mercantile, il leur faut remettre sur la route de *Lambessa* et de *Cayenne*, les républicains sincères : Vous êtes avertis!.....

Un mal connu est facile à guérir. Un danger signalé, n'est plus un danger, puisqu'on peut l'éviter.

DEUXIÈME JOURNÉE

8 OCTOBRE 1870

Dans cette journée, nos adversaires se sont mis à découvert; sachons en tirer profit, et posons-nous en restant les défenseurs sincères du Gouvernement républicain établi le 4 septembre.

La journée du 8 octobre a cela de bon, c'est qu'elle a confirmé l'action révolutionnaire de la proclamation de la République du 4 septembre ; en somme, aujourd'hui, les républicains doivent être et se déclarer hautement le grand parti conservateur politique du Gouvernement.

Ah ! par exemple, si le Gouvernement qui demande notre appui, en qui nous avons toute confiance, venait à modifier la forme ou le fond de son principe, le cas ne serait plus le même; mais lorsqu'il s'agit seulement de moyens; lorsqu'il s'agit d'élections plus ou moins reculées; c'est pour nous, hommes de conviction une futilité.

Allons plus loin, et ici, nous croyons rendre l'expression des honnêtes gens, d'un sens droit; en déclarant que quiconque, jusqu'alors, s'était déclaré monarchiste, attachant à ce principe usé et irréconciliable de l'ordre, de la liberté et de la paix, trompés dans leurs espérances et désillusionnés, ne peuvent être autres aujourd'hui que des convertis à la forme républicaine, seul principe qui doit fermer la porte aux révolutions.

Je ne m'arrêterai pas sans dire aux hommes profondément politiques du parti républicain, restez unis, restez toujours dans la légalité ; vous obtiendrez tout ; affermissez la forme républicaine. Le principe a besoin d'être connu ; car c'est toujours au moment où la révolution se calmait, où l'ordre s'établissait ; que les réactions furieuses, conséquentes et coupables, ont renversé l'édifice.

Citoyens, la République, c'est le gouvernement de la justice, de l'ordre et de la liberté ; la République est la seule forme de gouvernement compatible avec le suffrage universel ; le citoyen *Gambetta*, dans un discours resté célèbre, en a complétement démontré la logique.

Du reste, la grande République américaine n'en est-elle pas la confirmation éclatante.

Je conclus, en déclarant ennemi de la République et de l'humanité, quiconque veut substituer sa volonté à la volonté de tous ; et pour arriver à ses fins, provoque des manifestations hostiles ou irréfléchies aux hommes du Gouvernement, acclamés les deux journées, 4 septembre et 8 octobre.

Républicains de toutes les réunions : AINÉS et

PROSCRITS, VIEUX de la VEILLE, etc.; soyez donc une fois pour toutes, des hommes conséquents et politiques; faites donc que l'on ne puisse dire de nous ce que tant de fois nous avons dit des autres: ils n'ont rien appris, ils n'ont rien oublié.

QUAND LES PRUSSIENS SERONT PARTIS !!!

Pour les uns, cela veut dire; retour au passé.

Pour les autres, c'est l'expression d'un sentiment politique d'avenir.

En face le danger, les partis ont fusionné; la France est une; debout et en armes pour vaincre..... Elle vaincra !

La République, en sauvant la France, oblige tous les partis à se confondre et à reconnaître sa raison d'existence et sa force : elle servira de trait d'union aux intérêts sociaux qui croulent, avec les intérêts nouveaux que les besoins modernes et les événements ont créés.

Après la bataille, la France républicaine, victorieuse, sera plus forte et plus puissante que jamais.

QUAND LES PRUSSIENS SERONT PARTIS.

André Ratouis,
Capitaine de la garde nationale, 155ᵉ bataillon. — Soldat actif et militant de la République depuis le 24 février 1848.

Paris. — IMPRIMERIE NOUVELLE (Association ouvrière).